# 像高手一样洞察

○利兹 著

让你快人一步的
## 100个基本定律

人民邮电出版社
北京

**图书在版编目（CIP）数据**

像高手一样洞察：让你快人一步的 100 个基本定律 /
利兹著. -- 北京：人民邮电出版社，2025. -- ISBN
978-7-115-66915-5

Ⅰ. B80-49

中国国家版本馆 CIP 数据核字第 2025J3C169 号

---

◆ 著　　　　利　兹
　责任编辑　朱伊哲
　责任印制　周昇亮

◆ 人民邮电出版社出版发行　　北京市丰台区成寿寺路 11 号
　邮编　100164　　电子邮件　315@ptpress.com.cn
　网址　https://www.ptpress.com.cn
　涿州市般润文化传播有限公司印刷

◆ 开本：880×1230　1/48
　印张：4.5　　　　　　　　　2025 年 5 月第 1 版
　字数：81 千字　　　　　　　2025 年 10 月河北第 2 次印刷

---

定价：29.80 元

**读者服务热线：(010) 81055296　印装质量热线：(010) 81055316**
**反盗版热线：(010) 81055315**

Until you make the unconscious conscious, it will direct your life and you will call it fate.

除非你意识到你的潜意识，否则潜意识将主导你的人生，而你将其称为命运。

——卡尔·荣格

# 目 录

*1* 墨菲定律 / 10
*2* 吉德林定律 / 12
*3* 吉尔伯特定律 / 14
*4* 沃尔森法则 / 16
*5* 福克兰定律 / 18
*6* 吸引力法则 / 20
*7* 丛林法则 / 22

*8* 杠杆原理 / 24
*9* 马太效应 / 26
*10* 飞轮效应 / 28
*11* 复利定律 / 30
*12* 蝴蝶效应 / 32
*13* "黑天鹅"事件 / 34
*14* "灰犀牛"事件 / 36

*15* 破窗效应 / 38

*16* 南风效应 / 40

*17* 霍桑效应 / 42

*18* 路西法效应 / 44

*19* 手表定律 / 46

*20* 鳄鱼效应 / 48

*21* 杜根定律 / 50

*22* 曝光效应 / 52

*23* 列文定律 / 54

*24* 洛伯定理 / 56

*25* 蓝斯登定律 / 58

*26* 波克定律 / 60

*27* 奥格尔维法则 / 62

*28* 巴纳姆效应 / 64

*29* 皮格马利翁效应 / 66

*30* 从众效应 / 68

*31* 鲶鱼效应 / 70

*32* 费斯诺定理 / 72

*33* 二八定律 / 74

*34* 熵增定律 / 76

*35* 帕金森定律 / 78

*36* 冯·雷斯托夫效应 / 80

*37* 自证预言效应 / 82

*38* 安慰剂效应 / 84

*39* 沙漏效应 / 86

*40* 梅特卡夫定律 / 88

*41* 铁三角定律 / 90

*42* 盲点效应 / 92

*43* 250 定律 / 94

*44* 小世界效应 / 96

*45* 认知失调理论 / 98

*46* 懒汉效应 / 100

*47* 死亡螺旋效应 / 102

*48* 不值得定律 / 104

*49* 零和游戏 / 106

*50* 超限效应 / 108

*51* 凯尔曼态度变化效应 / 110

*52* 生命周期定律 / 112

*53* 150 定律 / 114

*54* 达克效应 / 116

*55* 富兰克林效应 / 118

*56* 吉格勒定理 / 120

*57* 计划行为理论 / 122

*58* 共生效应 / 124

*59* 蛋挞效应 / 126

*60* 蘑菇定律 / 128

*61* 首因效应 / 130

*62* 彼得原理 / 132

*63* 摩斯科定理 / 134

*64* 权威效应 / 136

*65* 乌比冈湖效应 / 138

*66* 自重感效应 / 140

*67* 关系场效应 / 142

*68* 安泰效应 / 144

69 逆向选择效应 / 146

70 投射效应 / 148

71 晕轮效应 / 150

72 大数定律 / 152

73 闪光灯效应 / 154

74 光环效应 / 156

75 沟通位差效应 / 158

76 棘轮效应 / 160

77 囚徒困境 / 162

78 糖果效应 / 164

79 美即好效应 / 166

80 酒与污水效应 / 168

81 踢猫效应 / 170

82 常态偏误 / 172

83 门槛效应 / 174

84 边际效用递减法则 / 176

85 米尔格拉姆实验效应 / 178

86 滑坡效应 / 180

*87* 马斯洛需求层次理论 / 182

*88* 得失效应 / 184

*89* 斯金纳箱效应 / 186

*90* 托利得定理 / 188

*91* 贝勃定律 / 190

*92* 锚定效应 / 192

*93* 时间压缩效应 / 194

*94* 海格力斯效应 / 196

*95* 吊桥效应 / 198

*96* 沉默螺旋效应 / 200

*97* 内群体偏见效应 / 202

*98* 自利性偏差效应 / 204

*99* 霍布森效应 / 206

*100* 保龄球效应 / 208

我的洞察笔记 / 210

# *1* 墨菲定律

你有没有总担心一件事情会发生，而最后它真的发生了的经历？这时，我们通常会无奈地摇摇头："哎，这就是墨菲定律。"

墨菲定律是由美国工程师爱德华·墨菲提出的，它的基本含义是："如果有可能出错的地方，事情就一定会出错。"是不是觉得这个说法很悲观？凡事都有两面性，正是因为墨菲定律的存在，我们在应对重要的事情时才会更加谨慎。

墨菲定律最初指在复杂的工程项目中，可能会出现各种不可预见的错误和问题，后来很快被广泛应用于日常生活中。例如，当你为一次期待已久的旅行准备了很久，总担心出现意外情况，结果真的因为天气原因，航班临时取消了……值得庆幸的是，聪明的你提前准备了 Plan B（B 计划）！墨菲定律提示我们要有应对突发事件的预案，保持灵活和冷静，做好充足的准备，以应对不可预见的风险。

# *2* 吉德林定律

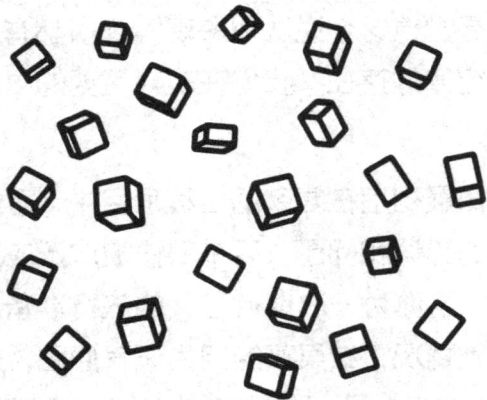

你在面对困难的时候是不是也会感到不知所措、想要逃避？我们总是说，只有先认清问题，才能解决问题。但是美国通用汽车公司管理顾问查尔斯·吉德林提出，在面对复杂问题时，人们往往会采取过于简单的处理方式，甚至会逃避，更别说静下心来深度思考、探究问题本质了。这是人性使然，对于每个人来说都是难以避免的。

比如，上司交给我们一项繁重的工作任务时，我们有可能会迟迟不愿意开始，但是这样非但不会减少问题，反而会让问题变得越来越急迫。在此类情况下，我们可以做一次深呼吸，更加理性地面对复杂问题，尝试将其拆解成一个一个小部分逐一解决。

# *3* 吉尔伯特定律

人们更愿意为自己欣赏的人做事，而且往往会任劳任怨，不计得失，这个现象被称为吉尔伯特定律。因此，如果你想成为一名"省心省力"的领导，不妨试试成为"下属喜欢的人"。

作为一个企业老板或是管理者，要想提高公司的运营效率，就需要打造一个有着融洽关系、和谐气氛的团队。而要做到这些，管理者必须首先做到对下属宽容。你的一些不经意的关怀，换来的可能是下属的死心塌地。

俗话说，士为知己者死，女为悦己者容。一个勇于承担责任的领导者，才会收获更多支持。

# 4 沃尔森法则

美国企业家 S.M. 沃尔森认为："把信息和情报放在第一位，金钱就会滚滚而来。"这一法则强调了信息和情报在商业决策和市场竞争中的关键作用。直白点来说，就是你能得到多少，往往取决于你知道多少。因此，做重大决策时需要掌握大量信息，单靠蛮干绝对无法在复杂的商业领域中获得成功。

沃尔森法则告诉我们，得到信息，得到一切；失去信息，则失去一切。要想在竞争中获胜，就必须做到知己知彼，充分掌握信息并对其加以分析和研究，才能制订出更明智的策略。

# 5 福克兰定律

你是否正对一件事犹豫不决，不知道要不要做？福克兰定律告诉你：如果这个决定不是必要的，那么不做这个决定就是必要的。反之，如果我们在没有掌握足够信息的情况下过于冒失地决策和行动，往往会做出错误的选择。因此面对不确定的情况，有时最明智的选择就是静观其变。

在不确定或复杂的情境中，请首先保持理智。如果你考虑存款和投资价值等因素，在犹豫要不要购买一套新的房产，那就可以暂且不购置，给自己留出一段观望和规划的时间，合理估算当下购置房产的价值，然后做出稳健的决策。

# *6* 吸引力法则

我们总会被和自己相似的人吸引，这就是吸引力法则。它是一种心理学和哲学上的理论，即人的思想和情感能够吸引与其性质一致的事物或事件。这一法则强调通过积极思考和专注于目标，一个人可以吸引到更符合自己愿望的事物。

　　如果一个人专注于自己的事业，坚定实现抱负的信念，那么他可能会在工作中遇到更多有助于事业发展的机会和合作伙伴。反之，消极的思维可能导致他错失机会。

　　如果你也希望早日遇到自己的"贵人"，不妨大方地表达自己的思想和情感，相信他一定能感受到你的呼唤！

# 7 丛林法则

不要低估社会环境与自然环境之间的相似性!

丛林法则源自自然界的生存法则，生存法则描述了弱肉强食的生态环境，其中只有最强者才能生存下来。虽然丛林法则起源于动物世界，但它也被用来形容社会竞争中强者的优势和弱者的处境。

社会如同丛林，竞争无处不在。比如在职场上，只有表现优秀、适应变化的人才能脱颖而出，而那些不愿意改变和提升自己的人很可能会被淘汰。丛林法则强调个体之间的竞争，也提示我们只有不断提升自己处理问题的能力和应对挑战的能力，才能在激烈的社会竞争中获得生存和发展的机会。

# *8* 杠杆原理

怎么把有限的资源利用到最大程度？你需要理解杠杆原理！杠杆原理源自古希腊著名科学家阿基米德的理论，表明通过一个合适的支点和力臂，就可以以较小的力量撬动更大的物体。

杠杆原理常常被用在提升工作效率和个人影响力方面。例如，在投资理财中，通过合理的金融杠杆，你可以以较小的本金撬动更多的资金，获得更高的收益；在职场中，利用人际网络和资源的杠杆作用，可以通过与他人合作，完成更大的项目或目标。因此，学会在工作和生活中寻找"支点"，通过聪明的策略和高效的工具实现"少投入多产出"是应用杠杆原理的核心。

# 9 马太效应

你有没有发现，在有些时候，现有的资源越多，得到的也越多？马太效应来源于《新约·马太福音》："凡有的，还要加给他，使他有余；没有的，连他所有的也要夺去。"该效应指出，社会中原本就有优势的人，在竞争中更容易获得更多资源和成功，而那些处于劣势的人则可能陷入困境。

　　例如，在职场上，拥有更多资源的人容易得到更多的工作机会和晋升机会，而缺乏资源的人可能在职业发展中受到更多限制。对此，我们可以通过努力提升自己的专业能力、积累资源等方式来增强个人竞争力，弥补劣势。如果你已经占有优势，则可以好好利用，争取更多的资源。

# *10* 飞轮效应

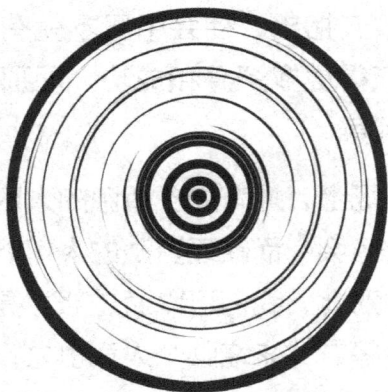

你观察过高速转动的轮子吗？它从静止的状态中启动得很慢，但是随着能量的积累，则会旋转得越来越快。飞轮效应是一种描述系统长期增长和加速的原理，强调通过持续投入能量和资源，最终能使一个看似沉重的飞轮开始运转，并在短期内获得显著的加速效果。它的实质表现为通过持续的努力获得积累。

我们在学习一门新技能时，刚开始可能进展缓慢，但随着时间的推移和不断地实践，学习效率会显著提升；对于企业来说，初期获取客户可能非常困难，但随着品牌口碑和客户反馈的积累，企业能逐渐获得更多的客户并实现快速增长。飞轮效应提示我们，持之以恒的努力会带来指数级增长的回报！

# 11 复利定律

你注意到了吗？我们在银行的储蓄中产生收益的部分不仅仅是本金，本金产生的利息也会产生新的利息！复利定律是指产生利息的部分除本金之外，还会加上之前产生的利息，以两者的总和来计算新的利息。这个效应被广泛应用在数学和金融领域，强调了货币的时间价值和资本积累的力量。

认识到这一点，不仅有利于我们进行储蓄和投资，同样有利于学习、健康管理和个人成长等方面。例如，定期进行锻炼和保持健康饮食，初期我们可能感觉改变不大，但随着时间的推移，健康状况会逐步改善，成效逐渐显现。复利效应提醒我们，日积月累的努力能够带来持续的回报，关键在于开始和坚持。

# *12* 蝴蝶效应

不知道你有没有听过这个说法：巴西的一只蝴蝶扇动一下翅膀，就可能引起美国得克萨斯州的一场龙卷风！这就是蝴蝶效应名字的来源。

蝴蝶效应源于混沌理论，最初由气象学家爱德华·诺顿·洛伦茨提出。它指的是在一个复杂系统中，即便是微小的初始变化，也可能引发巨大且不可预测的后果。

蝴蝶效应提醒我们，生活中的微小决策可能会产生意想不到的深远影响。例如，你可能因为迟到错过了某次面试，但这次面试的错过可能导致你接下来的人生境遇发生一系列改变。同样，与同事的一次闲聊，可能在未来某一天会给你带来重要的合作机会……蝴蝶效应强调了细节的重要性，提醒我们在做决策时要谨慎并考虑长远影响。

# *13* "黑天鹅"事件

黑天鹅是真实存在的吗？在发现黑天鹅之前，人们都以为黑天鹅并不存在。但黑天鹅真的存在，就像世界上存在着一些发生概率很小，但一旦发生就会造成巨大冲击和影响的事件。这些事件的特征是不可预测、极端且一旦发生就会造成重大后果，被金融学家纳西姆·尼古拉斯·塔勒布称为"黑天鹅"事件。

"黑天鹅"事件可以帮助我们理解为什么不确定性总是存在，并提醒我们要为意外情况做好准备。例如，突如其来的全球疫情或自然灾害，就是典型的"黑天鹅"事件。在个人生活中，"黑天鹅"事件可能是一场意外事故导致的财务危机。理解"黑天鹅"事件能够帮助我们增强风险意识，准备好应对突发状况，并针对未来的不确定性采取灵活的应对策略。

# 14 "灰犀牛"事件

你有注意到日常生活中那些明显的风险吗？它就像站在远处的灰犀牛，看起来不会伤害你，但稍微不注意，它可能会突然冲过来，一头把你撞飞……

"灰犀牛"事件的概念由美国政治分析师米歇尔·渥克提出，用来描述那些看似明显，但容易被忽视或未被充分重视的重大风险。和"黑天鹅"事件不同，"灰犀牛"事件不但发生概率较高，而且破坏力强，更"扎心"的是，人们常常低估它们的威胁。

例如，企业在发展过程中，如果忽视了环境变化或经济周期的规律性波动，可能会错失应对危机的最佳时机。对于个人来说，健康问题也是一种典型的"灰犀牛"事件，如果忽视生活方式对健康的长期影响，最终可能引发严重的健康问题。因此，"灰犀牛"事件警示我们要关注那些看似平常却潜藏重大风险的事项，及时采取行动预防。

# *15* 破窗效应

一间屋子的其中一扇窗户破了，如果没有人来及时修理，其他的窗户也会莫名其妙地被人打破。这就是破窗效应。

破窗效应由美国社会学家詹姆斯·Q.威尔逊和犯罪学家乔治·L.凯林提出，指的是小范围的无序或不文明行为会导致更严重的犯罪和社会秩序问题，直白点来说，就是社会和个人行为的微小不良影响可能会在不受制约的情况下迅速放大。

比如，在家庭中，如果对家人的一些不文明行为进行纵容，可能会使其逐渐形成不良品性，并导致更严重的问题。因此，破窗效应提醒我们，要从小事做起，及时纠正自己及身边人的不良行为。

# 16 南风效应

你听说过那个南风和北风比赛谁能先让旅行者脱下外衣的寓言故事吗？在法国作家拉·封丹写的寓言里，最终南风通过温和的吹拂达成了目标。南风效应是指通过温和的、积极的方式来引导人们的行为，而非通过强迫或过度的压力，这样会更容易被对方接受。

温和而富有同理心的方式比强硬的手段更能有效地改变他人。例如，在管理团队时，领导者通过鼓励和支持员工的发展，而不是单纯地命令和责备，通常会更能获得员工的信任与支持。家庭教育中，父母用关爱和引导的方式教导孩子，而非惩罚和威胁，孩子更可能主动遵守规则和拥有更强大的自驱力。

# 17 霍桑效应

你喜欢在工作中被他人关注的感觉吗？20世纪20~30年代，哈佛大学教授乔治·埃尔顿·梅奥等人在电力公司霍桑工厂进行了一系列实验，他们发现，员工在被观察或意识到自己正在被关注时，其工作表现会显著提高。

外部的关注和反馈能够激发个人的动力，个体行为往往会因为处于"被观看"状态，从而表现得更加符合社会期望。比如，企业进行员工绩效评估时，员工在评估期间可能会表现得更加努力。子女在获得父母的关注时，也可能会更加积极地参与家庭事务。理解霍桑效应可以帮助我们在管理和激励他人时，通过给予适当的关注和反馈，提升其工作或生活表现。

# *18* 路西法效应

路西法是西方宗教传说中的堕落天使，他曾经是天堂中地位极高的天使，后因过度傲慢被赶出天堂。后来，"路西法"一词被用来代表罪恶的开始。

美国社会心理学家菲利普·津巴多认为，人在特定情境和社会压力下，可能做出极端恶劣行为。路西法效应源于津巴多的斯坦福监狱实验，研究表明，普通人在特定环境下会变得暴力和做出非人道行为。

路西法效应提醒我们，社会和环境的压力可以影响人的行为。比如，在职场中，某些工作环境可能鼓励竞争和相互疏远，导致员工之间产生不良竞争和不恰当的行为。家庭教育中，如果对孩子过度严苛或忽视孩子的情感需求，可能会导致孩子做出极端行为。理解这一效应后，我们可以更好地设计和优化自己的环境，避免负面因素对自己或他人行为的影响。

# *19* 手表定律

戴着两只手表看时间不会比只戴一只更精确！手表定律的核心是"一人拥有一块手表时，可以知道时间；拥有两块手表时，就无法确定时间"。它形象地说明了存在多种选择和标准，可能会导致决策困难。

手表定律提醒我们，应当避免过度选择和接收过多信息，否则可能会适得其反。例如，在工作中，如果同时遵循多个管理方法，可能会导致任务的优先级模糊不清，导致决策延迟。而合理选择一个适合的方法并坚持执行，能让决策更加高效。在个人规划上，也可以通过聚焦于一个明确的目标来减少选择困难。

# *20* 鳄鱼效应

如果一个人被鳄鱼咬住一条腿，他就会用手去抓，结果手也会被鳄鱼咬住。为什么有时候我们越想减小损失，损失反而越大呢？

人的自然心理都是不想自己遭受损失的，所以在某件事情或者某段关系中，我们付出越多，投入进去的沉没成本就越高，也就越难以收手，这是人性所致。这种现象被称为鳄鱼效应，指的是人们在面临困难或危机时，越想减小损失反而越加大了损失。这个效应强调了情绪反应造成的影响可能远超实际威胁，就像面对鳄鱼时的恐惧反应会导致更严重后果一样。

面对问题时，过度的情绪反应可能导致错误判断或过激行动。我们应该学会冷静面对挑战，将实际效益和沉没成本分开，从而做出更理智的决策。

# 21 杜根定律

培养自信心不是"鸡汤"，而是成功的底层逻辑。美国职业橄榄球联合会前主席 D. 杜根提出，强者不一定每一次都能取得胜利，但胜利迟早都属于有信心的人。简单来说，就是"你相信自己能成功，往往就真的会成功"。如果一个人发自内心觉得自己能做好某件事，他就会更倾向于主动尝试，遇到困难也能坚持；相反，如果总怀疑自己"做不到"，可能连开始都不敢，或者一碰壁就放弃，自然容易失败。

就像学习游泳，如果在开始的时候就坚信自己能学会，就会更愿意下水练习、纠正动作；若总怕呛水或觉得自己笨，可能永远也学不会。如果一个人始终处于自卑的状态，那么自卑就会扼杀他的行动和抗压的能力，消磨他的意志，不利于个人成长。

# 22 曝光效应

你有没有这样的经历，你见到某人时对他的第一印象并不好，可随着见面次数的增多，看他越来越顺眼？这种心理现象被称为曝光效应，指的是人们对某种刺激的熟悉程度越高，他们对这种刺激的偏好也会越强烈。简单来说，重复接触某件事物后，人们会对其产生更多的好感。

我们对事物的偏好往往就是这样形成的。例如，商家通过重复的品牌展示和广告宣传，使得消费者对其产品逐渐产生兴趣和偏爱。同样，在社交场合中，通过频繁的互动和沟通，人们可能会更喜欢与某个特定的人建立联系。

了解了曝光效应，我们就可以有意识地通过增加与外界的接触来增强他人对自己的好感度，从而帮助自己在职场中建立更强的影响力。

# *23* 列文定律

当一个人对自己的能力不自信时，他往往迟迟不能做出计划。法国管理学家列文提出，对自己的能力不自信通常会造成决策的困难，但是对于领导者来说，决策是最重要、最困难、最需要投入精力和最冒风险的事情。

企业的成功在于经营，经营的核心在于决策。一系列的正确决策再加上强有力的管理就会使企业从小到大，由弱变强，在诸多的竞争者中脱颖而出，成为行业的领军者。一旦企业发生了战略决策失误，越是拥有优秀的执行团队，决策执行得越好、越有效，给企业造成的损失也就越大，导致适得其反。

# *24* 洛伯定理

　　你知道如何衡量一个管理者的组织水平吗？美国管理学家洛伯曾提出："对于一个经理人来说，最要紧的不是你在场时的情况，而是你不在场时发生了什么。"这句话不仅揭示了管理者角色的核心价值，也强调了组织中赋权和责任的重要性。在现代管理学中，这一理念进一步扩展为"领导力的真正考验在于领导者缺席时组织的表现"。

　　如果一个团队在管理者不在场时陷入混乱，不知道工作该如何推进或问题由谁解决，那么问题的根源可能并不在于员工的能力，而在于管理者是否有效培养了团队的自主性和责任感。一位优秀的管理者，应该通过明确目标、赋予信任、设定边界和提供资源，让员工在日常工作中能够主动承担责任，成为自己工作的主人。

# *25* 蓝斯登定律

你知道吗？有时候，一个让人高兴的工作比一个单纯高薪的工作更能激发人的工作热情。商业中有一个广为流传的案例：美国西南航空公司十分关心员工的工作状态，要求管理者走近员工的工作，倾听他们的诉求。长此以往，员工对公司的管理氛围十分认可，因此在工作中充满热情，离职率远远低于竞争者，进而帮助公司实现了连续长达 20 年的盈利，创造了市场神话。

　　蓝斯登定律是由美国管理学家蓝斯登提出的一种管理理论，他认为对于企业的管理者来说，为员工提供一个快乐的工作环境十分重要。给员工一个好心情甚至比升职加薪更有助于实现员工和企业之间的良性互动。如果你是管理者，可以在员工的工作环境中准备一些饮料、零食，时不时接触基层工作，鼓励他们做得更好。如果能与员工建立友好关系，关注他们的情感需求，就能够大大激发员工的工作热情和创造力。

# *26* 波克定律

"只有在争辩中，才可能诞生最好的主意和最好的决定。"美国庄臣公司总经理詹姆士·波克通过这一理念，强调了争论在团队合作和决策中的重要性。他认为，无摩擦便无磨合，有争论才有高论。换言之，只有在思想的碰撞中，真正有价值的创意才得以浮现。

　　在企业管理中，争论往往被误解为冲突或不和谐。然而，波克定律揭示了争论的积极意义：它是一种富有建设性的互动过程，是推动团队思维突破局限的重要方式。有效的争论能够让团队成员从多角度审视问题，通过辩论发现潜在的风险和机遇，从而做出更加全面、深思熟虑的决策。

# 27 奥格尔维法则

美国奥格尔维·马瑟公司总裁奥格尔维曾提出了一个著名观点："每个人都雇用比我们自己更强的人，我们就能成为巨人公司；如果你所用的人都比你差，那么他们就只能做出比你更差的事情。"这一被称为奥格尔维法则的理念，深刻地强调了人才对于企业发展的核心作用。

一个优秀的公司，固然需要有卓越的产品、高效的硬件设施和雄厚的财力作为支撑，但真正决定公司能否持续成长和创新的关键，是它是否拥有并重视优秀的人才。领导者在选人用人时，应避免陷入"平庸陷阱"。只挑选比自己弱的人可能会让团队逐渐失去活力，而勇于雇用和提拔比自己强的人，不仅能为公司注入新鲜血液，更能为团队设定更高的标准，推动整个组织迈向新的高度。

# *28* 巴纳姆效应

你相信星座吗？星座和人格的相关性或许是真实存在的，又或许不是，但是人们倾向于接受那些非常模糊或普遍的描述，并认为这些描述是准确的——尽管这些描述几乎对每个人都适用。这个现象得名于美国马戏团老板 P.T. 巴纳姆（电影《马戏之王》原型），他知道人们会接受这些笼统的、能够引起普遍共鸣的描述。

很多人会相信星座、塔罗牌等占卜方法，因为这些内容的表述往往非常模糊且适用范围广。了解巴纳姆效应后，我们可以警惕自己对这些不明确描述的过度依赖。比如，在职场上，某些模糊的激励或反馈虽然看起来有道理，但实际可能并没有有针对性地帮助我们提高。学会分辨具体、实用的信息，有助于做出更加理性的选择。

# *29* 皮格马利翁效应

你注意到了吗？个体的表现往往会受他人期望的影响，当他人对某个人抱有更高的期望时，这个人往往会有更好的表现。这个效应源于罗森塔尔的实验，他发现，教师对学生的期望越高，学生的成绩表现就会越好。因此该效应也被称为罗森塔尔效应。

事实表明，外部的期望对个人行为的确会产生影响。在职场上，如果领导对某个员工寄予厚望，并给予更多的关注和支持，这个员工往往会表现得更好；在家庭中，父母的期望也能够影响孩子的成长和发展。因此，我们可以通过设定积极的期望，并对他人表示信任和支持，以激励他们达到更高的水平。

# *30* 从众效应

你有没有观察过羊群的走向？单个的羊总是会跟随着大多数羊的路线，而不会擅自行动。这种现象被称为从众效应，也叫羊群效应，指的是个体在群体压力下倾向于遵循他人的行为或意见，尤其是在面临不确定的选择时，这一现象会更加明显。相关心理学实验表明，人们在群体中容易放弃自己的判断，去迎合群体的意见。

从众效应建立在人类行为的社会性基础之上。例如，在职场中，某个员工可能因为同事的普遍看法而忽视自己的判断，盲目跟从集体的决策；在社交媒体中，许多人会因为跟风而追随某种流行趋势或参与讨论某个话题。认识到从众效应后，我们可以在面对群体压力时更加清醒，不轻易被周围人的观点所左右，尤其是在做重大决策时，保持独立思考尤为重要。

# *31* 鲶鱼效应

鲶鱼效应的来源非常有意思：北欧的渔民们每次捕鱼回来，都会发现大部分的沙丁鱼因缺氧而死，有个聪明的渔夫想到一个办法——在捕捞到的鱼群里加入一些鲶鱼，原本死气沉沉的沙丁鱼为了保命，不得不打起十二分精神拼命游动，鱼群的死亡率也就大大降低。

如今，鲶鱼效应经常被用在管理学中，指的是在一个团队中，引入一些充满活力、具有竞争力的成员，能够激发其他成员的活力，从而推动整个团队的进步。直白点来说，强者的加入可能会拯救一个团队。对于个人来说，接触到积极向上的人，也能够激发自己的成长和进步。利用这一效应，我们可以在团队管理中寻找适合的"鲶鱼"，帮助团队提升整体表现。

# *32* 费斯诺定理

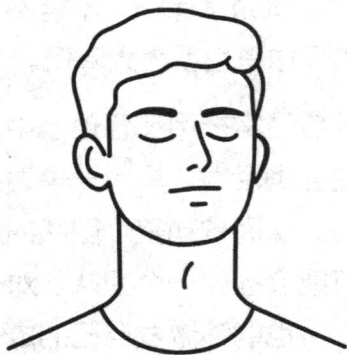

前辈们是不是经常劝你要"多听少讲"？这和费斯诺定理高度契合，是每个人都应掌握的智慧沟通之道。费斯诺定理由英国联合航空公司总裁兼总经理 L. 费斯诺提出，他说道："人有两只耳朵却只有一张嘴巴，这意味着人应该多听少讲。"

倾听是一种极其重要的能力，真正有效的沟通并非只是表达自己的观点，而是能够理解对方的需求、想法和情感。通过倾听，我们不仅可以获取更多的信息，还能够建立信任、减少误解，为解决问题奠定基础。反之，过于急于表达或忽略他人的声音，往往会导致沟通不畅，甚至引发矛盾。

作为管理者或团队成员，学会倾听是了解全局、做出更好决策的关键。它也倡导了一种谦逊的态度：即使拥有权威或经验，也要给他人充分的表达空间。

# *33* 二八定律

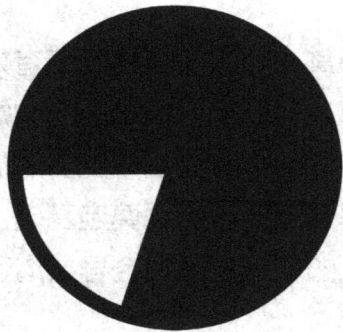

二八定律又被称为关键少数法则，指的是通常情况下，80% 的成果往往来源于 20% 的努力或资源。意大利经济学家维尔弗雷多·帕累托发现 "80% 的财富集中在 20% 的人手中"，因此该现象也叫帕累托法则，后来被广泛应用于各个领域。

如果你是一名销售经理，了解二八定律后，就可以尝试把工作重心放在最能产生收益的那部分人群上，因为 20% 的客户可能为你带来 80% 的收益；如果你想进一步提升技能，可以通过专注于最有效的 20% 的知识点，并不断练习，就能够事半功倍。企业可以利用这一原则，优化其运营和资源分配，将精力集中在最具价值的部分，从而提升整体运营效率。

# *34* 熵增定律

你听说过熵增定律吗？它是热力学的第二定律，指出在封闭系统中，系统的总熵（无序程度）会随着时间的推移而增加，这意味着系统会趋向于更高的无序状态，且这个自然过程通常是不可逆的。简而言之，该定律表明，事物在没有外界干预的情况下会趋向混乱和无序。

熵增定律在社会生活中也有广泛的解释空间。在团队工作中，总体的秩序会逐渐混乱，如果没有有效的组织和协调，团队的工作往往会变得杂乱无章。在家庭中，如果家务事不加以处理，家里也会变得越来越乱。了解这一点后，我们可以通过主动采取行动来保持秩序，防止出现混乱，提升工作和生活的效率。

# 35 帕金森定律

你在学习和工作的时候常常拖延吗？了解拖延的机制，是克服懒惰的第一步。英国历史学家西里尔·诺斯古德·帕金森认为，由于我们的习惯性懒惰，会将工作时间不断延长，直到把可用的时间都填满。人们往往会在没有明确截止日期或时间限制的情况下拖延任务，直到最后一刻才完成。

这一定律表明了如果没有设定明确的目标和时间限制，我们很可能会在工作或学习中拖延。所以，设定合理的截止日期并分阶段完成任务，可以防止任务被拖延，并提高工作效率，从而帮助我们在有限的时间内实现更多的目标。

# *36* 冯·雷斯托夫效应

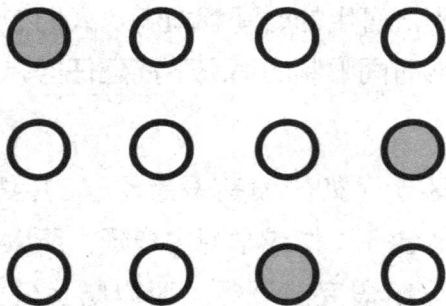

　　了解和利用这个效应，可以让你记东西记得又快又牢！在一组相似的信息中，如果某个元素看起来与其他元素显著不同，它将更容易被记住。这个效应由德国心理学家冯·雷斯托夫于 1933 年提出，用以解释为什么某些突出的信息或事件会比其他常规信息更容易引起注意和被记忆。

　　在学习或记忆时，突出且不同的信息更容易形成记忆点，利用冯·雷斯托夫效应，一定会对你的学习有所帮助。例如，复习时，如果某个问题与其他问题的问法有明显区别，学生可能会更容易记住它。商家也可以利用这一效应，通过突出的包装、广告或促销策略来吸引顾客的注意。

# 37 自证预言效应

　　自证预言效应表明，心理暗示或许真的有用！自证预言效应指的是人们的预期和信念会在某种程度上影响实际结果，从而使得这些预期成为现实。例如，如果一个人相信自己一定会成功，他可能会更加努力、积极奋进，从而提高成功的可能性。

　　积极的思维和自信心可以促进目标的实现。如果一个学生在面对考试时，相信自己能够取得好的成绩，他会更加努力地复习，从而获取更大的进步；在职场上，领导的信任和期望也能够激励员工表现得更好。因此，培养积极的思维，能够帮助我们在生活和工作中创造更好的结果。

# *38* 安慰剂效应

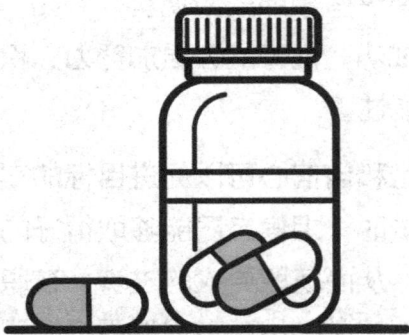

安慰剂或许不能带来直接的疗效，但它并不是一无是处。安慰剂效应是指即使接受的治疗或服用的药物没有实际疗效，患者仍然可能因为相信治疗有效而感到症状得到缓解的现象。这表明心理因素在维持健康和治疗中能够起到预想不到的作用。

心理状态和信念对于身体健康有着重要的影响。比如，一名患者可能会因为医生的鼓励和支持而感到症状减轻，即使使用的药物并没有真正的疗效。这也可以应用于自我激励和情绪管理上，通过积极的自我暗示，我们能够提升自身的心态和恢复力，进而提高生活质量。

# *39* 沙漏效应

如果你手握一把沙子，握得越紧，沙子就会漏得越快。这表明如果一种信息重复得太多，其边际效应就会开始递减，这时不仅没有什么效果，反而会导致资源浪费。

沙漏效应可以在现实中解释很多现象，比如企业的产品销量在初期可能增长缓慢，接着会进入一个高速增长期，最后再趋于稳定。这对于企业营销来说也具有很重要的参考意义：如果企业在产品销售后期仍不断加大广告投入，就会导致广告的效果不断下降；再继续投入，不仅不会带来什么收益，还会造成资金的极大浪费。

认识到这一效应，可以帮助我们预测长期趋势和发展周期，更好地规划行为和把握时机。

# *40* 梅特卡夫定律

你知道吗？计算机网络的用户数量和它的总体价值的关系并不是线性的。计算机科学家罗伯特·梅特卡夫认为，网络的价值与其用户数的平方成正比。当一个网络中用户数量增加时，网络的潜在连接数呈指数增长，从而导致其整体价值也快速地提升。

梅特卡夫定律帮助我们理解社交平台、通信网络和在线社区如何随着用户数量的增加而变得更有价值。网络的效用因为网络用户数量的增加而大大地增强了，因此社交网络平台的价值不仅体现在其平台本身的功能上，还体现在其庞大的用户群体上。认识到这一效应后，我们可以更好地理解技术公司如何通过扩大用户基础来增强其市场竞争力。

# *41* 铁三角定律

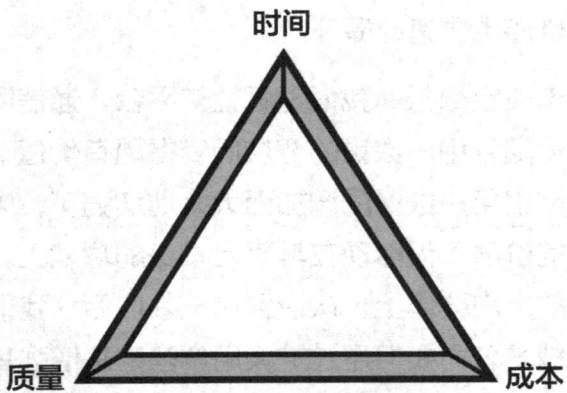

时间

质量　　　　　　　　　　成本

如果你是一位管理者，你是不是会对项目管理的影响因素而感到困惑？铁三角定律或许对你有帮助！它是项目管理中的一个重要概念，它指出项目的成功依赖于时间、成本和质量三者之间的平衡。这三个因素形成一个三角形，任何一方的变化都会影响其他两方。

在工作和生活中，我们需要始终关注和理解时间、成本与质量之间的关系。如果我们要求更高质量的结果，可能需要更多的时间或更高的成本。如果时间有限，我们可能需要做出妥协，降低成本或质量。在个人生活中，这一理论同样适用，我们应该在规划和执行任务时做出合理的取舍。

# *42* 盲点效应

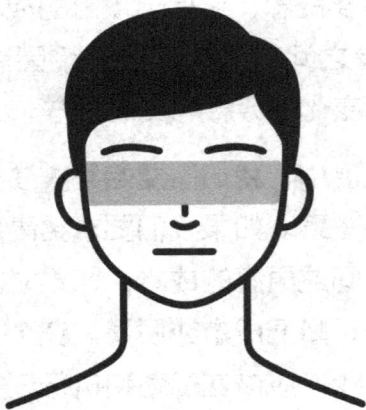

　　试着评价自己，并与来自其他人的评价相对照，人们往往会发现自己更容易忽略一些自身的不足。然而，这种现象十分普遍，它被称为盲点效应，指的是人们在评价自己时，通常容易忽视自己的缺点或错误，而对他人的缺点则更容易察觉。这种心理现象源自自我偏见和认知偏差。

　　比如在工作中，个体可能对自己的表现过于自信，从而忽视了改进的空间，而对他人的缺点却过于挑剔。认识到这一点后，我们可以更加客观地看待自己和他人的行为，进行自我反思，并且用更加宽容的态度理解他人并与他人相处。

# *43* 250 定律

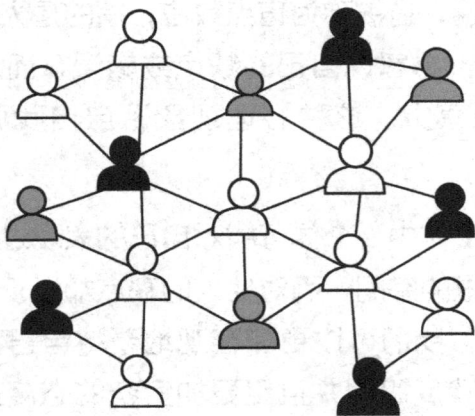

我们与一个人打交道，也意味着和他的亲朋好友产生关联，因此千万不要忽视一个人自带的社交网络的力量。

美国著名推销员乔·吉拉德发现了一个有趣的现象：在每一位顾客身后，大致有 250 名亲朋好友。如果你赢得了一位顾客的好感，就意味着赢得了 250 个人的好感；反之，如果你得罪了一名顾客，也就意味着得罪了 250 名顾客。这一定律表明，关于一个商品或公司的好坏的口碑，可能会影响更广泛的人群。

在职场和社交中，250 定律提醒我们注重与每个人的互动质量。对于一个企业来说，良好的客户服务可能不仅会赢得这个客户的满意，还可能通过在他的社交圈层中积累口碑，影响更多潜在客户；尤其在自媒体高度发达的今天，这一定律的作用更加明显。

# *44* 小世界效应

哈佛大学的心理学教授斯坦利·米尔格拉姆的连锁信件实验表明，平均只需要五个中间人就可以将任何两个互不相识的人联系起来。原来，我们与世界上其他人的距离如此接近！

小世界效应是指无论世界多么庞大，任何两个人之间都可以通过一系列的中介者建立联系。这个理论表明，我们之间的社交网络非常紧密，人与人之间的距离比我们想象的要近得多。

小世界效应解释了为何某些事情可以通过链接少数人来实现，比如，你可能会发现某个职位是通过朋友的朋友介绍的。这个效应告诉我们，要主动建立和维护广泛的社交联系，因为在关键时刻，社交网络可能为我们打开新机会的大门。

# *45* 认知失调理论

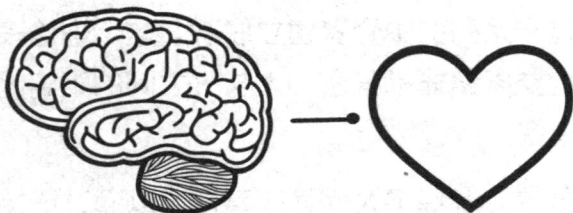

你有没有被引导去做过或去说过某件与自己的价值观不一致的事情，从而产生很矛盾的想法？社会心理学家利昂·费斯廷格提出了"认知失调"的理论，它指的是当一个人持有两个互相冲突的信念或行为时，会感到内心的不安，从而产生心理压力。这种不适感促使个体采取某种方式来减少冲突并恢复心理平衡。

认知失调理论帮助我们理解为什么人们会调整自己的信念或行为，以消除内心的失调感。比如，当我们买了不喜欢的商品时，可能会试图通过找到商品的优点来缓解内心的不安。在工作中，认知失调可能使员工去合理化不满意的工作状态。

# 46 懒汉效应

你在面对一项任务时，是不是会下意识地选择最简单、最不费力的方式去完成，即使这样做可能导致效率低下，也不愿意花心思去深度思考解决的方法？其实，这种行为反映了作为个体的人类的懒惰本能，目的是避免不必要的努力和消耗。

我们可以通过懒汉效应来理解为何有时候我们会选择一些并不是最有效但是省事的"笨方法"来解决面临的问题。例如，在做 Excel 表格时，明明可以去查一下快捷键从而极大地节省工作时间，但在懒汉效应的影响下，你很可能会排斥学习新知识，仍旧用鼠标一个个地操作。所以，如果你想真正地省力，不妨对懒汉效应勇敢地说"不"。

# 47 死亡螺旋效应

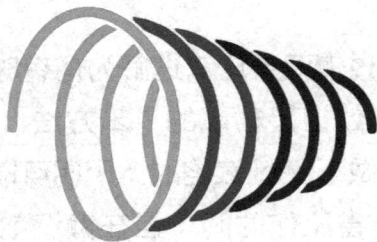

　　一个系统中一旦发生了恶性循环，它就会像死亡螺旋一样，让系统迅速恶化。当某种负面因素在一个系统或组织中开始蔓延时，它可能会导致系统进一步恶化，最终造成无法逆转的局面。这一效应通常表现在企业、市场等领域中，负面反馈机制加剧了问题的扩大，导致整个系统出现风险和衰退。

　　因此，当问题开始出现时，应该及时采取措施避免其恶化。比如，企业如果忽视财务中存在的风险，可能会陷入严重的资金问题，甚至最终破产；在个人生活中，遇到困难或压力，如果及时寻求帮助并调整心态，可以避免自己陷入持续的负面循环。

# *48* 不值得定律

9999元

并不是所有事情都值得我们全心全意地付出。如果某件事的价值没有达到预期目标水平或成本过高，那么就不值得去追求；如果一件事不值得去做，那么它也就不值得做好。这个道理被称为不值得定律，它强调的是对时间和资源的合理分配，避免浪费在无效或低效的行为上。

　　在生活中，不值得定律提醒我们要学会放弃。例如，在购物时，如果一件商品并非必需品或价值明显不符合其价格，就应该果断放弃购买。但从另一方面来说，如果一个人从事的是一份自认为不值得做的工作，往往就不能投入全部的精力。这样的事情不仅成功率小，而且即使成功，也不会让人觉得有多大的成就感。

# *49* 零和游戏

A的收益    B的损失

在生活中，竞争无处不在，而且在一些竞争中，竞争者的利益处于此消彼长的关系。如果在一场博弈中，一方的收益完全等于另一方的损失，整个系统的总收益始终为零，那么我们就把这种现象称为零和游戏。该概念常用于在经济、政治和竞争环境中，分析资源有限情况下的竞争关系。

在竞争性环境中，零和游戏提醒我们合理评估自己的利益与他人的利益。例如，在市场竞争中，一家公司的市场份额增加，可能意味着另一家公司的份额减少。因此，企业需要通过创新或增加整体市场体量来摆脱零和局面。个人在处理利益冲突时，也应寻求双赢策略，而非只关注自己的得失。

# *50* 超限效应

你是否曾有过这种感觉：看到菜单上密密麻麻的菜名，选了半天也不知道应该吃什么。这可能是因为决策的复杂度随着可选项的增多而增加。当面临更多选择时，个体做出决策所需的时间会增加。当个体被过多的选择、信息或任务所压倒时，这反而会导致决策效率下降，个体无法做出有效决策。这种效应叫作超限效应，也叫"选择超载"。特别是在信息时代，个体需要处理过量的信息和选择，很容易落入超限效应的陷阱。

我们拥有的选择并不是越多越好！如果货架上只有少数几种商品可供选择，那么我们就有更高概率快速做出决定；但面对无数商品的选择，我们可能反而无法做出决策，甚至感到不满意。认识到这一效应后，我们可以通过简化决策过程、减少选择来提高决策效率。

# *51* 凯尔曼态度变化效应

　　为什么我们先前很难接受的事情，在接触一段时间之后就能接受了？在社会心理学中，有一种理论认为，个体的态度会随着接触程度的变化而变化，它通常通过三个阶段：顺从、认同、内化来实现。在这三个阶段中，个体从对外部压力顺从，转变为内心认同，最终将态度深刻地融入自我之中。

　　这种态度变化效应解释了人们如何逐步接受新的观点和行为。一个员工可能会在初期仅仅因为压力而顺从公司的规定，但在长期工作后，他可能会逐渐内化公司的价值观和文化。当然，凯尔曼态度变化效应也有正面的应用，比如教师可以通过循序渐进的方式，引导学生逐步理解和接受新的知识或行为规范。

# *52* 生命周期定律

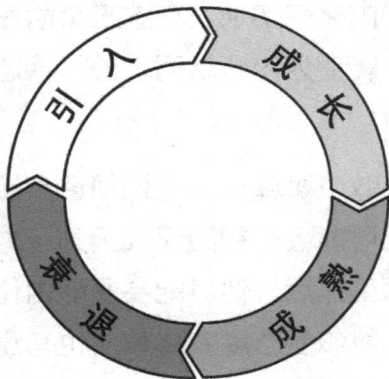

成长

引入

衰退

蓄成

请记住，市场中没有什么常青树，每个产品、公司或市场在其生命周期中会经历四个阶段：引入、成长、成熟和衰退，这就是它们的"生命周期"。根据生命周期定律，产品或公司的表现和需求在不同阶段是不同的，企业需要根据不同阶段的特征调整战略。

　　在工作中，一个新项目可能刚开始时充满活力和创新，但随着时间的推移，它可能会进入成熟期，需要新的方式来维持活力。对于个人来说，生命周期定律提醒我们：无论是职业发展还是生活目标，都需要适时调整，以适应不同阶段的需求。对于生产者来说，需要密切观察产品的生命周期，确保在合适的阶段做出相应的决策。

# *53* 150 定律

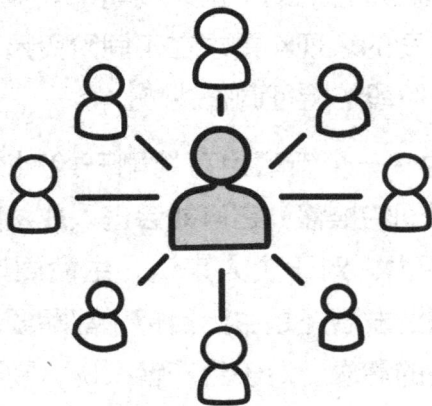

一个人最多可以维系多少人的社交圈子？人类学家罗宾·邓巴提出，一个人能维系的稳定社交关系的人数大约是 150 个，因此该定律又被称为"邓巴数字"。这个数字是基于人类大脑对社会信息的处理能力，意味着我们能维持的社交圈在达到某个规模后，关系的数量将难以提升，而且质量会下降。

　　虽然社交网络的规模可以很大，但我们需要将精力集中在少数真正重要的关系上。例如，在职场中，虽然我们可能认识很多同事，但核心的工作伙伴和团队成员通常会对我们的职业发展产生更大的影响。在个人生活中，保持适当规模但密切的社交圈，能够更好地促进个人的心理健康和人际关系的稳定。

# *54* 达克效应

达克效应是一种认知偏差，指的是能力较低的人往往高估自己的能力，而能力较高的人则往往低估自己的能力。这一效应由社会心理学家大卫·邓宁和贾斯汀·克鲁格在 1999 年提出，旨在解释为什么一些人在某些领域表现不佳时，却对自己的表现充满自信。其原因在于，缺乏足够的知识和技能使得个体无法正确评估自己在某一领域的能力。

达克效应帮助我们理解那些对自己的能力过度自信的人。了解这一效应后，我们可以在面对新领域或学习新技能时保持谦虚，承认自己的不足，并通过学习和请教他人来不断提升自己。此外，这一效应也提醒我们要对他人表现出的过度自信保持警觉，尤其是在复杂任务或决策中，避免受到误导。

# 55 富兰克林效应

我们通常认为，"付出爱才会得到爱"，给予别人帮助可以让人更喜欢自己。所以我们倾向于互帮互助，让双方都感到源源不断的温暖。但是美国著名人物本杰明·富兰克林发现，帮助过你的人，会比被你帮助过的人更愿意为你做其他的事。富兰克林效应因此得名。

通过向他人请求帮助，可以加深彼此的关系。比如，如果你在工作中向同事请教问题，可能会赢得他们的好感和信任。同样，这种效应也可以在社交中应用，通过向他人寻求帮助或支持来建立更好的人际关系。

# *56* 吉格勒定理

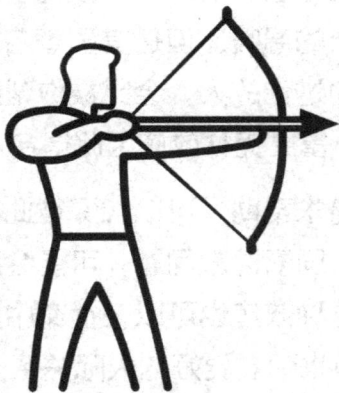

成功不易，但请不要忽略设定一个高目标的重要性，它甚至意味着达到了目标的一部分。美国行为学家吉格勒认为，成功的关键在于不断适应环境和坚持执行计划；而不管一个人有多么超群的能力，如果缺少一个认定的高远目标，他将一事无成。这一观点强调了设立目标对于长远发展的重要性，适用于个人成长和组织发展。

　　在职场中，吉格勒定理告诉我们，面对任何挑战，设定目标是成功的关键。它还鼓励我们在失败后迅速调整方向，避免原地停滞。一个人想要成功，就要在开始的时候，心中怀有一个高远的目标。因为这能指引着你从一开始便知道自己的目的地在哪里，该向哪个方面努力。

# 57 计划行为理论

你想知道哪些因素在影响着你的行为吗？心理学家阿耶兹和菲什拜因认为，个体的行为受五个因素的影响：态度、主观规范、感知行为控制、行为意向、行为。他们把这一效应称为计划行为理论。通过这些因素，个体对行为的意图做出预测，进而影响最终的行为。

在生活中，如果你有健康饮食的目标，计划行为理论表明你会受到对健康饮食的态度（例如认为它有益）、他人的期望（例如家人或朋友的鼓励）以及自我控制的感知（例如是否能坚持健康饮食）等因素的影响。理解这些因素可以帮助我们在制订个人目标和行为计划时，提高达成目标的可能性。

# *58* 共生效应

　　自然界有这样一种现象：一株植物单独生长时，显得矮小、单调；而与众多其他植物一起生长时，则根深叶茂、生机盎然。我们把这种现象称为"共生效应"，它就源自生物的这种共生关系，指的是不同种类的个体或群体之间通过合作、互惠的方式实现共同的利益。这种效应强调了通过相互依赖和合作，个体或群体能够达到共同的目标，从而增强生存或发展的机会。

　　团队合作及社交网络中常常可以发现和应用这一效应。职场中的团队合作能够通过利用每个成员的不同专长和资源，实现共同目标的达成；个体通过相互协作和支持，不仅能提高整体效率，还能形成更加紧密的关系，促进共同发展。

# 59 蛋挞效应

　　在投资那些看起来十分火爆的行业时，请勿盲目冲动。就像曾经风靡一时的蛋挞店，在风头过后，很快大批地倒闭。蛋挞效应因此用来形容一段特定时间内，许多相同性质的店面或公司如雨后春笋般兴起，并伴随着大批消费者的冲动性购买行为，但不久后就发生极为迅速的衰退潮或倒闭潮。

　　经过病毒式传播，人人都认为可以轻易学习某个产业的技术，但实际上却没有考虑到实际需求，造成产业在短时间内出现繁荣，但却很快衰退。因此，切勿被眼前流行的事物冲昏头脑、盲目投资。

# *60* 蘑菇定律

有一个有趣的比喻：在职场中，新入职的员工就像"蘑菇"，因为自己的特长还没有显现出来，他们可能会被安排在一个不起眼的位置。比如被安排在不受重视的部门干跑腿打杂的工作，就像一朵委屈巴巴的蘑菇长在阴暗潮湿的地方。但是蘑菇的生长必须经历这样一个过程，人的成长肯定也会有类似的经历。

对于新人来说，蘑菇定律提醒他们在进入职场初期要学会适应环境，抓住学习和锻炼的机会。尽管新人的角色可能看似普通，但他们通过努力积累经验、展现能力，可以逐渐获得更多的信任和机会。

# *61* 首因效应

你知道吗？我们的大脑在处理信息的时候有一种偏好，即首次出现的信息会更容易在记忆中留下深刻印象，从而对今后的交往关系产生很大的影响，也就是造成"先入为主"的效果。美国心理学家洛钦斯认为，人们在接触信息时，往往对最先接收到的信息给予更多的注意。这种效应被称为首因效应。

第一印象是最重要的。在与陌生人社交时，穿着、谈吐会在极大程度上影响对方对自己的印象。而在求职面试中，求职者的首次表现会对面试官的最终判断产生重大影响。为了最大化首因效应，我们应在首次见面时给他人留下积极的印象，注重细节和表达，从而为后续互动打下良好的基础。

# *62* 彼得原理

晋升在大多数情况下是好事情，但不符合自身能力的晋升可能会适得其反。美国管理学家劳伦斯·彼得认为，在一个企业的等级制度中，员工通常会被提拔到一个不再能有效胜任的职位。换句话说，员工在晋升过程中不断升职，最终会被提拔到一个其无法胜任的岗位，从而难以保质保量地完成任务，事业的发展也有可能受挫。

在职场中，彼得原理帮助我们理解为什么一些人在工作中表现优秀，但在晋升后反而无法继续取得成功。认识到这一原理后，我们可以更好地评估自己的职业发展路径，了解自己的长处和短处，并选择合适的职业发展路径。

# *63* 摩斯科定理

摩斯科定理由美国管理学家R.摩斯科提出，指的是你得到的第一个回答，不一定是最好的回答。

商界中有一个有趣的故事：美国一家制鞋公司试图找到把鞋卖给不穿鞋的非洲部落的人们的办法，于是派人去实地进行调查。第一位市场经理前往当地，调查后认为：部落的人们没有穿鞋的传统，因此把鞋卖给他们是不可能的。但是过了一段时间，又有一位市场经理前往，他看到当地无人穿鞋，十分高兴，回去向公司汇报："市场处于空白，有很大的增长空间。"

针对同样的地区，不同人通过调查却得到了不同的观点与结论。这个故事提醒我们，不应该满足于最先得到的答案，要想通过市场调查得到准确、全面的信息，应深入挖掘市场信息，获取更全面、准确的资料，从而做出更明智的决策。

# 64 权威效应

你在做决策的时候会听从权威的意见吗？权威效应指的是个体往往会更倾向于接受来自权威人士或专业人士的意见和建议，甚至在这些意见可能存在错误的情况下。这个效应反映了人类对权威的服从心理和信任心理。

权威效应帮助我们理解为什么我们会轻易接受专家或领导的意见。尤其在医疗、金融等领域，人们通常会依赖专家的建议来做决策，而不是自己进行规划。但另一方面，尽管权威意见通常是基于深厚的专业知识，但我们仍需保持批判性思维，在做决策时充分考量多方信息，避免盲目依赖权威。

# *65* 乌比冈湖效应

乌比冈湖效应源自美国作家加里森·凯勒虚构的草原小镇。这个小镇中的所有的人都认为自己的能力比地球上其他地方的人们的平均水平更高。社会心理学将这个现象称为乌比冈湖效应。

乌比冈湖效应是在一些特定环境下出现的现象，原因在于人们与某一固定环境长期接触时，会逐渐陷入一种偏见和盲目自信的状态。

自我高估就是认为自己比实际的更好，这是人类普遍存在的心理倾向。自我感觉良好有利于提高人的自信，但自我高估现象究其原因往往在于得不到客观的负面反馈，人的心理就自然趋于这种自我膨胀的评价了。

# *66* 自重感效应

　　卡耐基曾讲过这样一个故事：美国警察总监马罗尼发现，一些年轻的犯人在被捕后的第一个要求并不是见律师，而是阅读那些把他们写成"英雄"的街头小报。当看到自己的照片与名人们的照片占据了同样的篇幅时，他们甚至会忘记自己马上要被判决的事实。

　　卡耐基对此的解释是，每个人都渴望被认同和尊重，即使是罪犯。这是所有人的共同需求，这种需求就是"自重感"。人们总是极度重视他人对自己的看法，因此，在卡耐基的理论中，"满足他人的自重感"是一种重要手段。让他人的自重感得到极大的满足后，他人自然也会反过来认同我们。

# *67* 关系场效应

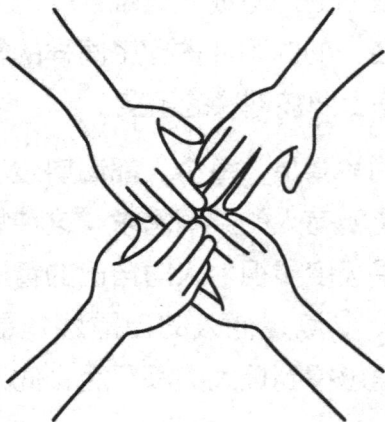

你知道在什么情况下"1+1+1"不等于3吗？有人说，"三个臭皮匠，赛过诸葛亮"，在这种情况下"1+1+1"大于3。但是又有人说，"三个和尚没水喝"，此时，"1+1+1"产生的效益不仅达不到3，反而变成0了。由此可见，由很多人所组成的群体既可能产生一种凝聚力，使得集体的总效益增大，但也有可能产生摩擦力，使得总效益减少，这种现象统称为"关系场效应"。

团队的成员可能在工作风格或个人目标上存在主观差异，例如在企业管理中，领导者和员工的角色差异可能影响组织的文化和绩效：如果领导者的管理风格与员工的期望不一致，导致员工士气低落，就会影响公司的业绩；如果在领导者的带领下，团队成员心往一处想、劲往一处使，向同一个目标奋斗，则会推动团队的效率和成绩不断提升。

# *68* 安泰效应

在希腊神话中，安泰是大地女神盖亚和海神波塞冬的儿子，只要站在土地上，他就可以从盖亚那里汲取能量，此时他的力气没有任何凡人或神明可以比肩。但是当他的这一能力被英雄赫拉克勒斯发现之后，就成为他的短处。与他战斗的时候，赫拉克勒斯将其高高地举到空中；失去了与土地的接触，安泰不再有力量，变得不堪一击，最终被杀死了。

安泰效应提醒我们，我们的工作和生活时常依赖于特定的条件或支持。当我们更换环境，失去了这些条件或支持的时候，就会同时失去这些能力和优势。因此，注重独立性和对不同环境的适应能力的培养对于个人及组织的健康发展至关重要。

# 69 逆向选择效应

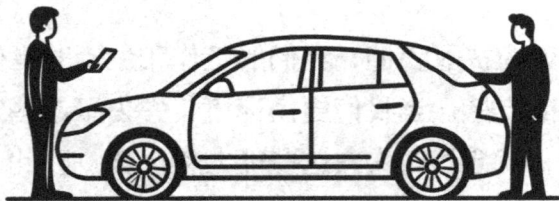

市场并不总是会将落后的淘汰而将先进的保留下来，甚至会相反地出现"劣币驱逐良币"的现象，我们将其称为逆向选择效应。

这是一种在信息不对称的情况下发生的现象，如果个体或群体基于有限的信息做选择，可能会导致质量较差的选项被优先选择，从而使整体系统的效率下降。这个效应通常出现在保险、金融市场等领域。

逆向选择效应可以帮助我们理解为什么某些市场会出现优质资源流失、劣质资源积聚的情况。例如，在二手车市场中，卖方和买方的信息不对称，可能导致低质车辆被优先出售。了解这一效应，有助于我们在做决策时更加谨慎，获取更为透明的信息并选择高质量的选项。

# *70* 投射效应

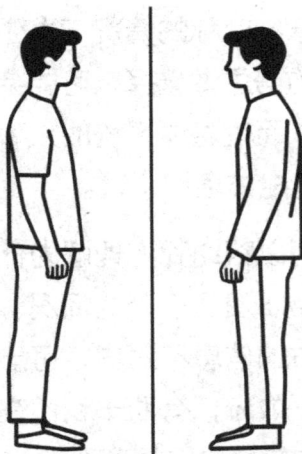

你发现了吗？<u>我们很容易将自己的感觉和想法当作是别人的感觉和想法</u>，这种心理现象叫作投射效应，是指个体将自己的情感、想法、动机或态度投射到他人身上的心理现象。这一效应源自心理学，个体在没有意识到自己的情感或认知的情况下，便会将这些内心的反应误认为是他人的想法或态度。例如，某个人在工作中感到焦虑时，可能会错误地认为同事也同样感到不安。

在现实生活中，我们有时会误解他人的行为或动机。例如，在人际关系中，个体可能将自己的不满情绪投射到他人身上，认为他人也不满意某个情况，从而产生误解或冲突。了解这一效应后，我们可以更加自觉地反思自己的情感，并避免将自己的情绪或观点强加给他人，从而促进更健康的人际沟通。

# 71 晕轮效应

我们对他人的认识和理解并不是全面的，而是像一个"晕轮"，总是从最先接触时获得的一个点、一个部分的印象出发，然后通过联想向外扩散出去，从而推断出这个人的其他特质。当看到其他人穿着名牌服饰，我们可能会认为他们很有钱、很成功，而忽视了他们可能只是追求时尚，实际的经济状况并非如此。这种现象被称为晕轮效应，也被称为"成见效应"。

在购物消费时，情况也是类似的。我们常常觉得，一件衣服如果很好看，那也一定很合身，或者面料很好。但其实，我们对其他人或者东西的整体评价往往受到其某一突出特征的影响，导致对其他特征的判断存在着偏差。晕轮效应告诉我们，要注意在做决策或评价他人时，不要仅仅依赖某一方面的突出特点，而要更加全面地进行评估。

# 72 大数定律

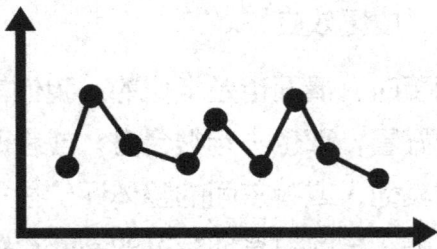

大数定律告诉我们，由于短期的波动而过度焦虑是没有必要的。大数定律是概率论中的一个重要定理，表明随着样本数量的增加，样本的平均值会趋近于总体的平均值。这一法则广泛应用于统计学和数据分析中，帮助我们理解大样本数据的规律。

　　大数定律提示我们，在处理大量数据或分析长期趋势时，偶然的波动会被忽略，结果更倾向于稳定。比如，在股票市场中，虽然个别股票的价格可能会出现剧烈波动，但长期来看，整体市场趋势是稳定的。所以在决策时，了解大数法则可以帮助我们避免因少数异常情况而做出不准确的判断。

# 73 闪光灯效应

你注意到了吗？我们总是会对令人震撼的事件留下更深刻而准确的记忆，并且这种记忆的准确性会一直保持，不随时间的推移而减弱。这种现象被称为闪光灯效应。

一般而言，记忆的内容往往会随着时间的流逝而难以被回忆起来，但闪光灯式记忆却有所不同，它不会因时光的流转而淡化或者消失。在闪光灯效应的影响下，这种记忆能够在人的脑海里清晰地留存一辈子，不管过了多久，人们对于当时的情景仍然可以回想得十分清楚，仿佛眼前就有一张照片一样。

因此，我们可以利用闪光灯效应加强我们对重大事件的记忆，同时我们也可以通过某些广告或宣传来更有效地吸引大众。

# 74 光环效应

我们对一个人或事物的整体印象可能会影响对它的具体特征的判断，就好像一个人或一件事"自带光环"。具体来说，如果我们对某个人或品牌有好感，我们往往会不自觉地认为这个人或品牌的其他方面也很优秀，反之亦然。

　　我们的判断和决策有可能被光环效应所影响。比如说在职场中，如果一个员工外表整洁、谈吐得体，我们可能会倾向于认为他在工作中也很出色，尽管他的实际表现可能并不如我们的预期。因此，我们应该更加客观地评估一件事或一个人，避免仅凭外部印象做出不准确的判断。

# 75 沟通位差效应

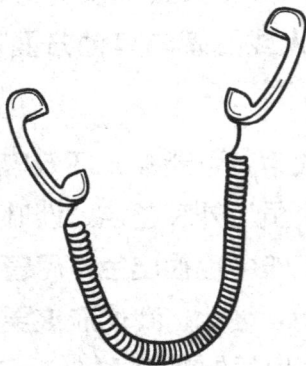

你有没有经历过因为信息上的不对称，与他人沟通出现困难的情况？在我们和他人沟通的过程中，信息传递的方式、信号的模糊性或受众的理解差异，可能会导致"沟通位差"的产生，进而导致信息失真或误解。沟通位差效应特别强调在多重沟通渠道或跨文化环境中的信息传递障碍。

该效应尤其常见于跨国公司等环境中，由于文化和语言的差异，邮件和会议讨论可能会产生误解。为了避免这种情况的发生，我们应该加强沟通的清晰度和反馈机制，确保信息在不同的参与者之间被准确传递，减少因理解差异所造成的冲突。

# *76* 棘轮效应

你知道吗？棘轮被设计成只能向一个方向转动而不能逆向回转的结构，因此，棘轮旋转的速度一旦提升，就很难再下降。这种效应被称为棘轮效应，指的是一旦某个系统或过程达到了一个新的稳定状态，就很难再回到原来的状态。

在现实生活中，一旦某个社会制度或行为模式建立了，就很难被改变或逆转。例如，在企业实施了一轮员工福利提升后，员工可能对这些福利产生更高的期望，很难回到之前的状态；同时，在政策制定时，认识到棘轮效应可以提醒我们要谨慎地设定改革目标，以避免不可逆的过度调整。

# 77 囚徒困境

囚徒困境是一个非常经典的博弈模型，大致内容是：有两个小偷合谋入室盗窃，被警方抓获，但警方没有找到赃物。警方将他们分别置于两个房间进行审讯，审讯策略如下：若两人均坦白，各判 8 年；若一人坦白而另一人抵赖，抵赖者加刑 2 年，坦白者减刑 8 年并立即获释；若两人均抵赖，只能以私闯民宅罪各判刑 1 年。

从整体考虑，显然最好的策略是双方都抵赖，每人只被判 1 年。但由于隔离审讯，两人会互相怀疑对方可能坦白以求自保。因此，经过理性分析，最终双方都选择了坦白，结果各被判了 8 年。

囚徒困境揭示了信任和合作在社会互动中的重要性，同时也提醒我们在决策时要考虑长远的利益，而不仅仅是眼前的个人得失。

# *78* 糖果效应

在一个叫作"糖果实验"的项目中，实验人员给了孩子们两个选择：立刻吃掉面前的一颗糖果，或者等待一段时间，等大人们回来时就可以得到更多的糖果。研究发现，能够等待的孩子在之后的人生中通常表现得更好，无论是在学业成绩、社交技能还是职业成就方面。

这一效应也被称为糖果效应，又称延迟满足效应，指的是为了长远的、更大的利益而自愿延缓或者放弃即时的满足。

这个实验揭示了延迟满足能力对未来成功的影响。如果一个人能够克制即时欲望，选择延迟满足以获得更长远的回报，并且能够推迟对短期满足感的追求（如享乐主义的冲动）而专注于长远目标，通常会取得更大的成就。因此，我们应当学习如何提高自己的延迟满足能力，从而提升自控力和长期成功的概率。

# 79 美即好效应

国外有这样一个报道：由于嫌疑人的长相过于帅气，在警方公布其照片后，警方就收到了无数投诉电话，群众愤愤不平地表示"他长得这么漂亮，不可能是坏人"，纷纷要求警方马上放人。你可能会觉得这很离谱，但实际上，这种情况在现实中经常发生。

美国心理学家丹尼尔·麦克尼尔认为，人们心中经常存在着一种心理偏见，即常常将美貌与其他积极的特质，比如能力、道德素质联系起来，进而影响到人际关系和社会评价。

在社交和职场中，美即好效应提醒我们不能单纯依靠外表来判断他人的能力或品德。例如，在招聘过程中，过于重视外貌可能导致忽视候选人的真实技能。认识到这一效应后，我们可以更有意识地减少这种偏见，进行更加全面的评估。

# *80* 酒与污水效应

　　将一瓶酒倒入一桶污水中，那么你将得到一桶污水；将一瓶污水倒入一桶酒中，混合后得到的还将是一桶污水。虽然一瓶污水的量相较于一桶酒来说微不足道，但是混入酒桶的污水即使再少，也足以永久地改变这桶酒的性质。这种现象被称为"酒与污水效应"。

　　我们的社会、企业就像这桶酒，它作为一个整体，与其中的每一个成员都是密不可分的。一个能力出众的人进入一个管理混乱、绩效落后的公司，尽管他始终具备曾经的能力，但他的态度很难不被糟糕的环境所影响，进而难以发挥出全部能力。相反，一个态度和能力都很差的团队成员，往往能把负面影响带给整个团队。因此，这个效应提示我们，对不能融入集体，甚至会对整个集体产生负面影响的人不能掉以轻心，而是要及时重视并加以管理。

# *81* 踢猫效应

　　试想一下：一位父亲在公司里受到了上司的指责，十分生气，因此回家之后责骂孩子；孩子也十分郁闷，于是无缘无故地去踢猫。人们总是需要将自己的负面情绪转移到环境和他人身上，但是在实际中，倾向于将自身的不满情绪发泄到比自己地位低或更弱小的对象上，导致负面的情绪在社会关系链中传递，最终影响到最弱者。这种现象被称为踢猫效应。

　　我们在输出负面情绪之前要提醒自己，每一个人都不是孤立地生活的，我们情绪的传递链条可能在不经意间影响到其他人，尤其是无辜的弱小者。因此，我们应该首先学会管理和调节自己的情绪，对别人温柔以待，这才是从负面情绪中脱离的第一步。

# *82* 常态偏误

　　你是不是经常根据以前发生过的情况去推测之后会发生的事情？我们有时会不自觉地认为事情会像平时一样正常发展，但心理学家告诉你，这是一种"常态偏误"。人们在面对紧急情况时，倾向于认为一切将按照常规情况进行，从而往往低估了风险或忽视了潜在的威胁。这种偏误使得个体在面对突发事件时常常准备不足，不能及时采取应对措施。

　　现实事件的发展有时会出乎我们的意料，我们应当避免过度依赖常规思维，而是要警觉可能出现的异常情况，并且做好应对准备。例如在投资中，应对突发情况的关键在于及时关注市场动态，灵活应对与及时调整，合理的资产配置和分散投资，可以有效降低风险。

# *83* 门槛效应

人们在心理上逐渐接受一件事情的过程，就像逐步走上或走下台阶，如果我们接受了较低层次的要求，经过他人的提示和引导，往往就会愿意接受更高层次的要求；而当我们不愿意接受一个要求时，如果条件逐步降低，我们又变得容易接受，这种现象被称为门槛效应。

这种现象提醒我们，如果想让别人接受一个较大的要求，可以先向他提出一个小要求，就像登上或走下台阶的时候要一级一级地走才会更加容易和顺利。当我们咬咬牙买了很贵的商品，之后再面对相近价格的东西时就觉得没那么贵了，从而慢慢变得大手大脚；而当我们在谈判中给别人提出一个很高的要求而对方不愿意接受时，那么我们可以逐渐降低要求以符合对方的预期，使其更容易接受。

# 84 边际效用递减法则

你有没有发现，我们在喝碳酸饮料的时候，第一口总是会给我们带来最大的愉悦感，然而之后带给我们的满足感则会逐渐降低。商业活动中的情况也是类似的，消费者在消费某种商品或服务时，每增加一单位的消费，其所带来的额外满足感或效用会逐渐降低，甚至会导致痛苦。边际效用递减法则不仅限于食物和娱乐活动的消费，它在我们的工作和学习中都有体现。

人们在获取更多同类商品或者重复同一个活动后，感到满足感下降或厌倦的情况再正常不过了。这意味着管理者在资源配置和团队管理中应该注意边际效用递减法则，合理安排资源和任务，避免过度重复，从而提高整体的效用水平。

# *85* 米尔格拉姆实验效应

你有这样的经历吗？上司有些时候会错误地将一些没有意义的任务，或者过于繁重的工作交给员工执行。虽然这些工作并不合理，但是在上司的面前，员工并不会拒绝，而是倾向于接受这一不合理的工作。就像在著名的米尔格拉姆服从实验中发现的那样，普通人在权威的命令下，面对不合理甚至不道德的命令也往往会服从。这一效应被称为米尔格拉姆实验效应，它揭示了人类对权威的服从心理，尤其在压力和社会的影响下，个体往往会做出违背自己意愿和道德的行为。

每个人都会受到来自外界的压力，我们应当理解在职场、家庭、社会等环境中，个体往往会因为权威的压力而做出不符合自身意愿的决策。但同时，我们也应当注意增强独立思考和判断的能力，避免盲目跟随权威，保持理性和道德判断。

# *86* 滑坡效应

不要轻视你做的任何一个看起来很小的决策，因为它可能会导致更大程度的"滑坡"。个体或群体在做出一个看似小的决策后，往往容易因为某个初步的选择而进入一个不可逆转的恶性循环，这可能会导致一连串的更大错误和不可预见的后果，就像是难以阻止的山体滑坡。这种现象广泛存在于个体自身层面以及人际互动过程中，它不仅会影响个体正常社会交往，甚至会阻碍社会和谐健康发展。

　　一些看似无害的小决定最终可能会引发更大的问题。在工作中做出一次小的妥协的行为，可能会让个人在未来不断跨越底线，进而导致更严重的后果。认识到这一效应后，我们可以更加谨慎地做出每一个决定，勿以恶小而为之，避免从小事开始逐步走向错误的道路。

# *87* 马斯洛需求层次理论

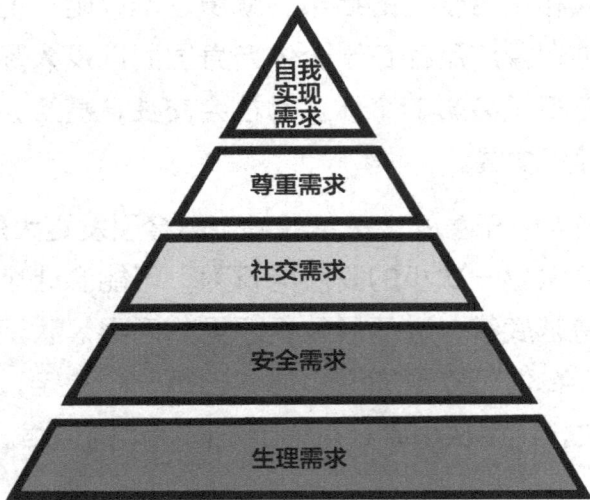

你知道吗，我们的人生目标和追求就像一段台阶，它会逐渐提升，从而体现出不同的层次。美国人本主义心理学家亚伯拉罕·马斯洛提出，人类的需求具有阶段性，在最底层的是生理需求，接着是安全需求、社交需求、尊重需求，最上层的是自我实现需求，它就像一个金字塔，呈现出人在不同阶段的不同需求层次。

需求层次的存在意味着我们应当认识到不同的个体可能会有不同的追求，而个体动机也会随着个人成长而变化。例如，一个处于生理需求层次的人，可能会更关注衣食住行等基本生存问题。而一位处于自我实现需求层次的人，则可能更加追求自我成长和个人成就。在企业管理中，了解员工的需求层次可以帮助领导者更好地激励员工，满足其不同层次的需求，从而提高工作效率和员工满意度。

# *88* 得失效应

试想一下，得到一百块钱的喜悦和丢失一百块钱的痛苦，哪种情感更强烈？行为经济学家们发现，人们往往会回答：虽然得到一百块钱很高兴，但是白白丢失一百块钱的痛苦更加强烈。这个现象的原因在于，人们在心理上对损失的敏感度大于对同等收益的敏感度。换句话说，我们对得到和失去的感受之间存在着不对称性，人们在面临损失时，情感上会更加痛苦，而相同的收益带来的满足感则较低。我们将这种现象称为得失效应。

　　在股票投资中，投资者常常会因为害怕亏损而过早地卖出盈利的股票，而对亏损的股票则迟迟不肯割肉止损，希望其能"咸鱼翻身"。在购物时，商家经常会推出"无理由退换货"的活动来吸引顾客购买。这也是利用了得失效应，让消费者在购买时减少对退货的顾虑，而一旦购买后，消费者往往会因为"损失厌恶"而不轻易退货。

# *89* 斯金纳箱效应

行为主义心理学家斯金纳曾做过著名的"斯金纳箱"实验。他将小白鼠放在设有食物投放按钮的箱子里，起先小白鼠只是偶然经过的时候误触了按钮，结果就得到了食物。然而反复几次之后，小白鼠发现它每按一下按钮就会有食物掉落，于是每当饥饿的时候都会去按按钮，从而自发地学会了这一行为。

斯金纳对此解释道：对于小白鼠来说，掉落的食物就是"奖励"，"奖励"的规律会帮助小白鼠养成"习惯"，从而建立起固定的"行为模式"。这也就是我们学习的过程，它需要在学习者与环境的互动中不断通过奖励来得到强化，从而形成固定的行为习惯。在学习过程中及时获得的老师或上司的肯定都可以作为"奖励"来强化我们的学习行为，使我们更容易坚持学习。我们也可以通过设定小目标，完成目标后给自己一些奖励，例如看一场电影、吃一顿美食等，来强化这些行为，最终养成好习惯。

# *90* 托利得定理

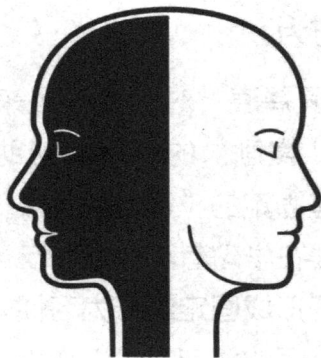

你在多大程度上能够接受两种不同的思想？法国社会心理学家托得利认为，测验一个人的智力是否属于上乘，只需要看其脑子里能否同时容纳两种相反的思想，而无碍于其处世行事。面对一个问题或事物时，不应片面看待，而要同时关注其两面。如果我们能接纳更多不同的思维，用全面的眼光看待事情，相信很多问题都会迎刃而解。

为人处世，要能容纳不同的意见或见解，广泛征求意见，多角度地分析问题，才能保证决策的准确性。在现实生活中，很多人习惯了有一说一，有二说二，但只是理解和把握到事物的一面，并没有看到事物其他的方面。真正聪明的人，总能多角度思考、观察，兼听则明。作为智慧的领导者，更应该具备"容人之量"，在是是非非之中，运筹帷幄。

# 91 贝勃定律

你听说过这样一个实验吗？想象你左手提着一个重箱子，这时右手再去拿一本轻书，你会几乎感觉不到书的重量；但如果在没有提箱子的情况下直接拿这本书，反而会觉得有点沉。这就是贝勃定律——当人经历了一个较大的刺激后，后续的小刺激会被大脑"弱化"，变得不易被察觉或重视。

例如：工资先涨 1000 元再降低 500 元，员工对降薪的反应会很激烈；但如果工资先降 1000 元再涨 500 元，虽然结果相同，但后者可能让人感觉"被补偿"了。

我们可以利用贝勃定律为自己减轻做事的阻力。在商业谈判中有一个技巧，在一开始提出一些较高的、对方不容易接受的条件，而当谈判临近结束的时候，突然替换成一些容易接受的条件。此时对方考虑到一开始那些高额的条件，这些后来提出的相对温和的条件也显得容易接受了。

# *92* 锚定效应

我们在购物时，常常发现商家通过"原价"和"折扣价"来设置锚点。这导致即便折扣价仍然很高，消费者也认为非常优惠。我们会说，这就是锚定效应。锚定效应是一种认知偏差，指的是个体在做决策时，往往过度依赖初始信息（即锚点），即使后续信息会影响判断，初始信息仍然在决策中占据主导地位。这个效应常常导致人们做出不完全理性或不完全客观的决策。

在现实生活中，价格标签、广告语或初次见面的印象会对我们的判断产生很大程度上的影响。例如，在职场中，我们也容易被对方第一次给出的薪资水平或职位所影响，而忽略后续的提升空间。

# *93* 时间压缩效应

你处在高压或紧张环境中时，会不会觉得时间流逝得比实际更快？真实的时间或许是均匀流逝的，但我们的这种心理感受并不是幻觉。这种现象被称为时间压缩效应。它通常发生在高强度工作或紧张的情境中，使得个体无法准确感知流逝的时间，往往让我们误以为经历了比实际更短的时间。

在某些紧迫的任务中，人们往往感到时间不够用。比如，当你的工作任务期限快到时，你可能会觉得时间过得特别快，加上老板的不断催促，你会感到压力陡然增加，很可能不得不应付了事。所以，我们不妨在工作中合理规划时间，从而避免在压力状态下匆忙做出可能会在后来感到后悔的决策。

# *94* 海格力斯效应

你知道古希腊神话中的海格力斯吗？他神勇无比、力大无穷，但是和别人相处的时候总是"你跟我过不去，我也让你不痛快"，导致四处树敌。海格力斯效应指的是在面对人与人之间的冲突时，个体往往会陷入激情而失去理性，而一旦选择了以眼还眼、以牙还牙，冲突就会进一步加大，导致事态失控。

在一对一的人际互动之中，如果我们冤冤相报，那么就会致使仇恨越来越深，最终演变为无法解决的冲突。因此生活中遇到烦恼和矛盾，我们要学会冷静处理，毕竟，退一步海阔天空。

# 95 吊桥效应

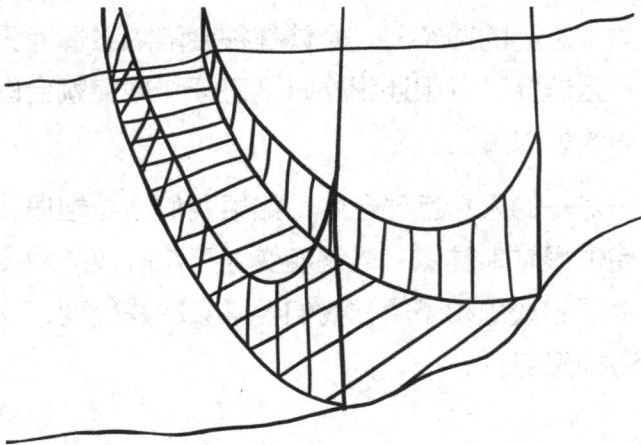

　　你在吊桥上和别人说话的时候会不会感到过于紧张？我们在情绪或生理状态不稳定时，可能会产生情绪误判或过度的情感反应。这个效应最初来源于心理学实验，人们在摇晃的吊桥上遇到异性时，更容易被对方吸引，而这种情感反应并非来自个体本身，而是由环境的不稳定性引发的。

　　我们可以通过吊桥效应来理解情绪和生理状态是如何影响我们对他人或环境的看法的。例如，在压力大的情况下，我们可能会对他人的行为产生过度反应，或在某些紧张场合中误解他人的意图。认识到这一效应后，我们可以更清楚地知道如何管理自己的情绪，避免不必要的麻烦。

# *96* 沉默螺旋效应

有自己独特的思想很不容易，而有勇气说出更是难能可贵。社会学家、政治学家伊丽莎白·诺埃尔－诺依曼认为，在社会或群体中，个体可能因为害怕与主流意见不一致而选择保持沉默，长此以往导致少数意见逐渐消失，从而进一步加强了主流观点。这一现象强调了群体压力对个体思维的压制作用，因此被称为沉默螺旋效应。

一个人在表达自己观点的时候，若发现自己的观点和大多数人一致，则会大胆表达；若自己的观点只被少数人认同，则比较不会表达自己的意见。在工作团队中，某些成员可能因为害怕与领导意见相左而不敢提出不同的建议。了解这一效应后，我们可以鼓励自己和他人勇于发声，表达不同的意见，从而避免群体陷入单一化的思维。

# *97* 内群体偏见效应

你有没有发现，我们常常对"自己人"更加宽容，而对"外人"更加苛刻？这种现象被称为内群体偏见效应，是指个体倾向于优待自己所属群体的成员，而对外部群体则容易产生负面看法或偏见。这一效应揭示了人类社交中对群体的偏好和排他性行为。

依据社会认同理论，人们倾向于采用区分性的方式评估任何与自我有关的事物。在工作环境中，团队成员可能会倾向于对自己团队中的成员更为宽容，而对外部团队持有偏见，从而做出错误的判断。为了避免这种偏见，我们需要促进跨部门合作和培养多元化的团队文化，减少群体间的不公平对待。

# *98* 自利性偏差效应

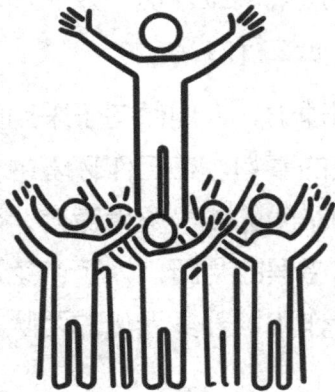

　　我们在工作中取得成功时，往往会归因于我们自己的聪明和努力，而忽略了团队合作等其他外部条件的正面影响。这种现象被称为自利性偏差效应，它是指个体倾向于将成功归因于自身的能力，而将失败归因于外部因素。这个效应揭示了人类在面对成功与失败时的心理偏差，尤其是在自尊心较强的人群中表现得较为明显。

　　意识到自利性偏差可能导致的问题可以帮助我们更客观地评估自己。例如，在突破工作瓶颈时，我们应该考虑团队的努力和环境因素的影响，而不是仅仅归因于自己的个人能力。同时，面对失败时，也要理解外部环境和偶然因素的影响，这样有助于我们保持自我反省和不断改进。

# *99* 霍布森效应

在 17 世纪的英国，有一位卖马的老板叫霍布森，每当有人来买马时，他就会"大气"地让对方随便选、随便挑，自称价格绝对良心。然而，在顾客挑选马匹时，由于马圈出口的门过于狭小，高壮的大马根本出不去，能出来的都是些瘦弱的马，顾客只能挑来挑去，将就着做出自认为最好的选择——领着一匹不如预期的马离开。

　　在这个过程中，顾客看似主动做出了选择，但实际上并没有掌握真正的主动权。后来，人们为了讥讽他的虚伪，就把这种现象称为霍布森效应。霍布森效应提醒我们，很多给定的选择背后可能隐藏着不为人知的真实意图。例如，在销售某些产品时，商家表面上提供了多种选择，但实际上消费者只能选择有限的几种。因此，消费者在做决定时需警惕所谓"选择"的实际限制。

# *100* 保龄球效应

你是否同意这一点：使一个人发挥最大能力的方法，是鼓励而不是指责？

两名射击教练分别训练各自的队员，他们的队员都命中了 7 环。教练甲对自己的队员说："很好！一下就打中了 7 环！"他的队员听了教练的赞扬很受鼓舞；教练乙则对他的队员说："怎么搞的！你这样离 10 环还差太多，远远不够！"队员听后，心里很不服气。结果，教练甲训练的队员成绩不断上升，教练乙训练的队员表现得一次不如一次。

得到他人的肯定、赞赏，是每一个人的正常心理需要；而面对指责时，不自觉地为自己辩护，也是正常的心理防御机制。所以，如果哪天原本干劲满满的员工突然"躺平"了，说不定他已经忍受你的批评和抱怨许久了。

# 我的洞察笔记

学习＿＿＿＿＿＿＿后

我是这样洞察的💡

学习＿＿＿＿＿＿后

我是这样洞察的

学习_____后

我是这样洞察的 💡

**学习＿＿＿＿＿＿＿后**

**我是这样洞察的**

学习＿＿＿＿＿＿＿后

我是这样洞察的